## Du même auteur

**Récits**
Le Troisième Jour, *Plaidoirie pro domo*, Paris, BoD, 2018.
L'exode, *Bisi Mavula*, Paris, BoD, 2018.

**Contes**
Guirlandes fanées *Contes du Congo Brazzaville,* Paris, Acoria, 2011.
Nouvelles guirlandes fanées *Contes et légendes du Congo Brazzaville,* Paris, BoD, 2018.

**Proverbes**
Le Masque des Mots *sous le toit de mon père (traduction de proverbes Kongo),* Paris, BoD, 2018.

**Histoire**
Brazzaville *Cœur de la nation congolaise* 1880-1970, BoD, Paris 2018.

**Essai**
Georges Brassens, *les diables s'en mêlent à présent*, BoD, Paris, 2018.

**Poésie**
*Du pays d'où nous venons*, BoD, Paris mars 2018 (en collaboration avec Benoist Saul Lhoni).

# Liberté

Couverture et image de couverture
Sculpture trônant à l'entrée du passage donnant
sur la *Maison des Esclaves* à Gorée (Sénégal)
© Benoist Saul Lhoni

Tous droits de traduction,
de reproduction, d'adaptation et
de représentation réservés pour tous pays

ISBN 978-2-3221-236-43

# Patrice Joseph Lhoni

# Liberté

*Procès
intemporel contre
l'asservissement
de l'homme (noir)*

Mbonghi

*J'ai rassemblé autour du thème de la* Liberté, *des textes de toutes origines — d'Europe, d'Amérique, d'Asie, d'Afrique — dont les auteurs sont également de milieux et de climat disparates : écrivains, philanthropes, philosophes, humanistes, pasteurs spirituels, leaders politiques, juristes, etc.*

*C'est une* Tribune de l'Histoire *que j'ai tenté de monter, pour un procès intemporel contre l'asservissement de l'Homme Noir notamment, pour sa libération totale et la reconnaissance inconditionnelle de ses droits naturels.*

Balcon de la Maison des Esclaves à Gorée donnant accès au musée © BSL, 2014.

## Le Présentateur

Mesdames, Messieurs, nous avons réuni pour vous, d'éminentes personnalités, de réputation planétaire pour la plupart, autour d'un thème : *Liberté*.

Mais il en est, parmi elles, de simples et d'obscurs héros de la liberté, comme ces soldats inconnus qui, pour avoir été humbles et ignorés, n'ont pas moins mérité de l'Humanité.

Ces personnalités sont donc venues pour animer un débat sur la liberté. Elles se sont constituées en jury pour plaider en faveur de la liberté de l'homme. Elles prendront tour à tour la parole, dans un ordre dispersé, contrairement à la conception classique d'une présentation par ordre alphabétique. Elles plaideront dans l'ordre de leur inscription dans notre dossier, et vous déclineront elles-mêmes leur identité, au fur et à mesure de leurs interventions.

Le cours de l'histoire de notre humanité est troublé par des fluctuations qui ne cessent de l'agiter constamment. La lame de fond qui les provoque est une persistante remise en question de la liberté des individus, des peuples ou des nations.

Nous connaissons en général mal l'Histoire de la liberté et, par voie de conséquence, celle de l'esclavage. En effet, la pratique de celui-ci est aussi vieille que le monde. Mais c'est entre les siècles — XVe et XIXe — que l'esprit esclavagiste a exercé ses plus grands ravages. Et, depuis l'arrivée des premiers noirs esclaves en Amérique, en 1619, l'esclavage a atteint des proportions alarmantes, jusqu'à la fin du siècle dernier. Dans cet ordre d'idée, faisons remarquer que de 1511 à 1789 (notons, entre parenthèses, que cette dernière date est significative à plus d'un titre, du point de vue français), plus de 50 millions de Noirs ont été déportés de l'Afrique vers les Amériques. La traite était alors systématiquement organisée...

À partir de 1890, toutes les nations esclavagistes s'accordent pour condamner pratiquement l'esclavage. On pouvait donc croire un moment que la conscience universelle s'était révoltée devant ce honteux trafic de chair humaine. Hélas, non ! Car à l'esclavage se sont substituées d'autres formes d'asservissement : colonialisme, racisme, ségrégation, discrimination, apartheid, sévissent à travers le monde, et plus malencontreusement sur le continent africain !

À cause de leur nature inhumaine, odieuse et abominable, des voix déchirantes et indignées se sont élevées, avec véhémence, par-ci par-là, à travers les siècles, pour dénoncer et condamner les formes d'une exploitation éhontée — au mépris du droit le plus élémentaire — de l'homme par l'homme, plus particulièrement de l'homme noir par l'homme blanc !

L'une des conséquences immédiates de cette situation intolérable c'est la guerre qui allume des foyers chauds dans le monde. D'une part, aucun peuple n'accepte plus aujourd'hui, plus que jamais, d'être sous la domination d'un autre peuple, et le combat qui se livre désormais est placé sous l'étendard de la Liberté, pour des indépendances nationales, politico-économiques réelles : l'opprimé d'hier entend aujourd'hui s'administrer et se gouverner. D'autre part, les puissances colonisatrices qui ne veulent pas désarmer totalement reviennent sur leurs anciennes possessions, mais cette fois, sous le masque de leur supériorité économique qui divise ainsi le monde actuel en nations nanties et en pays dits pauvres.

Ainsi, l'esclavage aboli dans la lettre survit dans l'esprit, sous des formes multiples : sous l'esclavage, c'est le besoin effréné d'une main d'une œuvre humaine qui a ravalé le Noir au niveau de bête de somme, avec toutes les humiliations conséquentes ; sous la colonisation, la raison apparemment invoquée relevait hypocritement d'un prétendu ordre humanitaire qui se posait en matière de civilisation : faire le Nègre à l'image du Blanc ; aujourd'hui, le même ancien maître met habilement en avant les impératifs économiques, sans avouer ouvertement que, dans ce qu'il propose, il veut se tailler la part du lion. Le combat engagé est donc de tous les instants et de tous les fronts.

*1. Les extraits de textes lus sont de :*
Booker-Washington : *Au-delà de l'esclavage*
René Depestre : *Minerai noir*
Diderot : *Les adieux du vieillard*
Jean Brière : *Anthologie de la nouvelle poésie nègre et malgache de langue française*
Jean Dard : *Les débuts de l'enseignement en Afrique Francophone*
Alan Paton : *Pleure, Ô Pays bien-aimé*
Gandhi : *Tous les hommes sont frères*

*2. Pour la plaidoirie, les extraits de texte sont de :*
Montesquieu : *L'esprit des lois*
Condorcet : *Réflexions sur le travail des Nègres*
Jean de La Fontaine : *Fables*
Victor Hugo : *Dernière Gerbe*

*3. Entracte : Scène interprétée : Toussaint Louverture (Lamartine)*

*Suite de la plaidoirie*
George Washington : *Anecdote tirée d'Au-delà de l'esclavage*
Abraham Lincoln : *Citation de mémoire, paraphrase de l'auteur (sous toutes réserves)*
Booker-Washington : *Au-delà de l'esclavage*

Harry Truman : *Message de félicitations, de la mémoire et à la gloire de Booker-Washington*

Martin-Luther King : *L'Homme d'Atlanta* de Lerône Benett

*4. La présentation, les paroles du président, les introductions du lecteur, les présentations des jurés, les paroles de Karl-Marx et de Jésus Christ, sont de l'auteur.*

**Personnages**

*Première Partie*
1. Le Présentateur
2. Le président
3. Le Lecteur
4. Montesquieu
5. Condorcet
6. La Fontaine
7. Victor Hugo

*Entracte*
8. Toussaint Louverture
9. Albert
10. Isaac
11. Le Moine (Père Antoine)

*Deuxième Partie*
12. George Washington
13. Abraham Lincoln
14. Booker-Washington
15. Harry Truman
16. Martin-Luther king
17. Karl-Marx
18. Alan Paton
19. Jésus-Christ

Maison des Esclaves et la Porte de non retour
© BSL, Gorée 2014.

## Première partie

*Le début du procès. (Une cour de justice, un président, un lecteur, des Jurés).* **Le président** *(au Lecteur).* — Lisez-nous donc ce que vous avez sous les yeux !

**Lecteur.** — Oui, c'est un rapport signé d'un certain Booker-Washington, et qu'il a intitulé : *Au-delà de l'esclavage.* Il écrit ceci : *Je suis né dans l'esclavage sur une plantation du comté de Franklin, en Virginie. Je ne suis absolument pas sûr du lieu ni de la date exacte de ma naissance, mais, en tout cas, je soupçonne que je dois être né quelque part, et à un certain moment. Autant que j'aie pu l'apprendre, je suis né près du bureau de poste d'un carrefour appelé le Fort de hale, en l'année 1858 ou 1859. Je ne sais ni le mois ni le jour. Les souvenirs les plus lointains que je puisse évoquer se rapportent à la plantation et au quartier des esclaves, celui-ci étant la partie de la plantation où les esclaves avaient leurs cases. Ma vie* *commença dans le milieu le plus misérable, le plus triste et le plus décourageant. Et ceci n'était pas parce que mes maîtres étaient particulièrement cruels, car ils ne l'étaient pas, comparés à un bon nombre d'autres. Je suis né dans une vraie case de bois d'une superficie de quatre mètres sur cinq. Je vécus dans cette case avec ma mère, mon frère et ma sœur jusqu'après la guerre civile, époque à laquelle nous fûmes tous déclarés libres. Je ne sais presque rien de mes ancêtres. Dans le quartier des esclaves, et plus tard encore, j'entendais parler, à mots couverts, dans les conversations des Noirs, des tortures que mes ancêtres, y compris sans doute, du côté de ma mère avaient souffert, dans le vaisseau qui les avait transportés d'Afrique en Amérique. Il m'a été impossible de ne recueillir aucune information sérieuse sur l'histoire de ma famille au-delà de ma mère. Je me souviens qu'elle avait un demi-frère et une demi-sœur. Dans les temps de l'esclavage, on n'accordait pas beaucoup d'attention à l'histoire généalogique et aux annales d'une famille — je veux dire d'une famille de Noirs. Je suppose que ma mère a dû attirer l'attention d'un acheteur qui, plus tard, devint son maître et le mien. Son addition à la famille des esclaves avait à peu près autant d'importance que l'achat d'un cheval ou d'une vache. De mon père, je sais même moins que ma mère. Je ne sais même pas son nom. J'ai entendu dire que c'était un Blanc qui vivait sur une des plantations voisines. Quoi qu'il en soit, je n'ai jamais entendu dire qu'il m'ait témoigné le moindre intérêt ni qu'il se soit inquiété, en aucune façon, de subvenir à mon éducation. Je ne l'en blâme pas. Il était tout bonnement, une infortunée victime de plus, de l'institution que le peuple américain avait malheureusement introduite dans son organisation sociale.*

**Le président.** — Ainsi, Messieurs les Jurés, vous venez d'entendre la lecture d'un rapport qui a toutes les allures d'une plainte on ne peut plus vive, arrachée des profondeurs des entrailles par un système d'oppression rigoureuse ! ÊÊtre né dans l'esclavage et... sur une plantation et... ne pas savoir de qui l'on est le fils...? Face à cette triste situation, la Déclaration universelle des droits de l'homme stipule expressément, en son article Premier *(je lis)* : *Les Hommes naissent et demeurent libres et égaux en droits*, etc. Or, ça, en vertu de quel principe, des peuples ont-ils cru qu'il était de leur droit d'assujettir d'autres peuples ? Je vous pose la question, Messieurs les Jurés... Ah ! Quelqu'un lève le doigt... Voulez-vous donc répondre à la question ?

**Un juré.** — Oui.

**Le président**. — Alors, veuillez d'abord vous présenter au public.

**Le juré** *(vers le public avec courtoisie et courbette)*. — Charles de Secondât alias Montesquieu, baron de la Brède, né en 1689, exactement soixante-dix ans après l'arrivée des premiers Noirs esclaves aux Amériques. Je suis écrivain, conseiller au Parlement de Bordeaux, juriste, moraliste, homme politique, historien, auteur de la *Dissertation sur la politique des Romains*, des *Lettres persanes*, de *Considérations sur les causes de la grandeur des Romains et de leurs décadence*s, *De l'Esprit des Lois* surtout, et j'en passe...

*Il se retourne vers le président.*

**Le président**. — Bien. Alors, qu'avez-vous à dire au sujet de l'esclavage ?

**Montesquieu**. — Permettez-moi, Monsieur le Président, qu'avant toute chose, je vous demande, ainsi qu'à mes collègues, de bien vouloir considérer ma voix comme une réponse de l'Europe esclavagiste. Car, voyez-vous, il n'y a pas que la France, ma patrie, qui se soit livrée à cette honteuse pratique, mais l'Europe entière, et je suis aussi européen.

**Le président**. — Je vous en prie.

**Montesquieu**. — Alors, *si j'avais à soutenir le droit que nous avons eu de rendre les nègres esclaves, voici ce que je dirais : Les peuples d'Europe ayant exterminé ceux d'Amérique, ils ont dû mettre en esclavage ceux d'Afrique pour s'en servir à défricher tant de terres. Le sucre serait trop cher, si l'on n'en faisait travailler la plante qui le produit par des esclaves. Ceux dont il s'agit sont noirs depuis les pieds jusqu'à la tête, et ils ont le nez si écrasé qu'il est presque impossible de les plaindre. On ne peut se mettre dans l'esprit que Dieu qui est un maître très sage ait mis une âme, surtout une bonne âme, dans un corps tout noir. On peut juger de la couleur de peau, par celles des cheveux qui, chez les Égyptiens, les meilleurs philosophes du monde, étaient d'une si grande conséquence qu'ils faisaient mourir tous les hommes rouquins, qui leur tombaient entre les mains. Une preuve que les nègres n'ont pas le sens commun, c'est qu'ils font plus de cas d'un collier de verre que de l'or qui, chez les nations policées, est d'une si grande conséquence. Il est impossible que nous supposions que ces gens-là soient des hommes ; parce que, si nous les supposions des hommes, on commencerait à croire que nous ne sommes pas nous-mêmes chrétiens. De petits esprits exagèrent trop* *l'injustice que l'on fait aux Africains, car, si elle était telle qu'ils le disent, ne serait-il pas venu dans la tête des princes d'Europe, qui font entre eux tant de conventions inutiles, d'en faire une générale en faveur de la miséricorde et de la pitié ?*

*Applaudissements.*

**Le président**. — Je prends acte de votre plaidoirie, et je vous en remercie au nom des opprimés.

*Au Lecteur.*

– Lisez-nous la suite !

**Le Lecteur**. — René Depestre dans le *Minerai noir*. Voici :
*Quand la sueur de l'Indien se trouva brusquement tarie par le soleil,*
*Quand la frénésie de l'or draina au marché la dernière goutte de sang indien,*
*De sorte qu'il ne reste plus un seul Indien aux alentours des mines d'or,*
*On se tourna vers le fleuve musculaire de l'Afrique*
*Pour assurer la relève du désespoir.*
*Alors commença la bousculade échevelée*

*Vers le rayonnant midi du corps noir,*
*Et toute la terre retentit du Vacarme des pioches*
*Dans l'épaisseur du minerai noir*
*Et tout juste si des chimistes ne pesèrent*
*Aux moyens d'obtenir quelque alliage précieux*
*Avec le métal d'or, tout juste si des dames ne*
*Rêvèrent d'une batterie de cuisine*
*En nègre du Sénégal, d'un service à thé*
*En massif négrillon des Antilles,*
*Tout juste si quelque curé*
*Ne promit à sa paroisse*
*Une cloche coulée dans la sonorité du sang noir,*
*Ou encore si un brave père Noël ne songea*
*Pour sa visite annuelle*
*À de petits soldats de plomb noir,*
*Ou si quelque vaillant capitaine*
*Ne tailla son épée dans l'ébène minérale.*
*Toute la terre retentit de la secousse des foreuses*
*Dans le glissement musculaire de l'Homme noir.*
*Voilà de nombreux siècles que dure l'extraction*
*De merveilles de cette race.*
*Ô couches métalliques de mon peuple,*
*Minerai inépuisable de rosée humaine,*
*Combien de pirates ont exploré de leurs armes*
*Les profondeurs obscures de ta chair !*
*Combien de flibustiers se sont frayé leur chemin*
*À travers la riche végétation de clarté de ton corps,*

*Jonchant tes années de tiges mortes*
*Et de flaques de larmes !*
*Peuple dévalisé, peuple de fond en comble retourné*
*Comme une terre en labour,*
*Peuple défriché pour l'enrichissement*
*De grandes foires du monde,*
*Mûris ton grisou dans le secret de ta nuit corporelle,*
*Nul n'osera plus couler des canons et des pièces d'or*
*Dans le noir métal de ta colère en crue !*

**Le président.** — À bon entendeur, salut !

**Un juré.** — Vous me permettez, Monsieur le Président ?

**Le président.** — Nous sommes ici pour que chacun de nous émette son opinion sur ce crime odieux qu'est l'esclavage. Je vous écoute, mais voulez-vous d'abord vous présenter au public ?

**Le juré** *(vers le public, avec courbette).* — Condorcet (Marie-Jean-Antoine-Caritat, marquis de). Né en 1743, trente ans avant l'abolition de l'esclavage par le Rhode Island. Je suis philosophe, mathématicien, homme politique français, et c'est en cette dernière qualité que je vais plaider : *Réduire un homme à l'esclavage, l'acheter, le vendre,* *le retenir dans la servitude, ce sont des crimes qui ont toujours été ceux des plus forts ; et le vol, celui des plus faibles, nous trouvons, toutes les questions sur le vol, résolues d'avance et suivant de bons principes, tandis que le crime de l'esclavage n'a même pas de nom dans nos livres... La prospérité du commerce, la richesse nationale ne peuvent être mises en balance avec la justice. L'intérêt de puissance et de richesse d'une nation doit disparaître devant le droit d'un seul homme, autrement, il n'y a plus de différence entre une société et une horde de voleurs...*

*Applaudissements.*

**Le président**. — Je prends acte de votre défense, et le style du langage correspond à la dimension, à la gravité de la question.

*Au lecteur.*

– Lisez !

**Le Lecteur**. — Un compte rendu de la plume de Diderot, présenté comme étant *Les Adieux d'un vieillard de Tahiti*. Je lis donc : *Pleurez, malheureux Tahitiens ! Pleurez, mais, que ce soit à l'arrivée et non au départ de ces hommes ambitieux et* *méchants : un jour, vous les connaîtrez mieux. Un jour, ils reviendront, le morceau de bois que vous voyez attaché à la ceinture de celui-ci, dans une main, et le fer qui pend au côté de celui-là, dans l'autre, vous enchaîner, vous égorger ou vous assujettir à leurs extravagances et à leurs vices. Un jour, vous servirez sous eux, aussi corrompus, aussi vils, aussi malheureux qu'eux. Mais je me console ; je touche à la fin de ma carrière ; et la calamité que je vous annonce, je ne la verrai point. Ô Tahitiens, mes amis ! Vous auriez un moyen d'échapper à un funeste avenir ; mais j'aimerais mieux mourir que de vous en donner le conseil. Qu'ils s'éloignent et qu'ils vivent.*

*S'adressant à Bougainville, le vieillard ajouta : Et toi, chef des brigands qui t'obéissent, écartes promptement ton vaisseau de notre reine ; nous sommes innocents, nous sommes heureux ; et tu ne peux que nuire à notre bonheur. Nous suivons le pur intérêt de la nature ; et tu as tenté d'effacer de nos âmes son caractère. Ici, tout est à tous, et tu nous as prêché je ne sais quelle distinction du tien et du mien... Nous sommes libres ; et voilà que tu as enfoui dans notre terre le titre de notre futur esclavage. Tu n'es ni un dieu ni un démon : qui es-tu donc pour faire des esclaves ? Orou ! Toi qui entends la langue de ces hommes-là, dis-nous à tous, comme tu me l'as dit à moi, ce qu'ils ont écrit sur cette lame de métal :*

*ce pays est à nous. Ce pays est à toi et pourquoi ? Parce que tu y as mis le pied ? Si un Tahitien débarquait un jour sur vos côtes, et qu'il gravât sur une de vos pierres ou sur l'écorce d'un de vos arbres : ce pays appartient aux habitants de Tahiti, qu'en penserais-tu ? Tu es le plus fort ! Et qu'est-ce que cela fait ? Lorsqu'on t'a enlevé une des méprisables bagatelles dont ton bâton est rempli, tu t'es récrié, tu t'es vengé ; et dans le même instant, tu as projeté au fond de ton cœur le vol de toute une contrée ! Tu n'es pas esclave : tu souffrirais le sort plutôt que de l'être, et tu veux nous asservir ! Tu crois donc que le Tahitien ne sait pas défendre sa liberté et mourir ? Celui dont tu veux t'emparer comme de la brute, le Tahitien est ton frère. Vous êtes deux enfants de la nature ; quel droit as-tu sur lui qu'il n'ait pas sur toi ? Tu es venu ; nous sommes-nous jetés sur ta personne ? Avons-nous pillé ton vaisseau ? T'avons-nous saisi et exposé aux flèches de nos ennemis ? T'avons-nous associé dans nos champs au travail de nos animaux ? Nous avons respecté notre image en toi. Laisse-nous nos mœurs : elles sont plus sages et plus humaines que les tiennes ; nous ne voulons point troquer ce que tu appelles notre ignorance contre tes inutiles lumières. Tout ce qui nous est nécessaire et bon, nous le possédons. Sommes-nous dignes de mépris, parce que nous n'avons pas su nous faire des besoins superflus ? Lorsque nous avons faim, nous avons de quoi manger ; lorsque nous avons froid, nous avons de quoi nous vêtir. Tu es entré dans nos cabanes, qu'y manque-t-il, à ton avis ? Poursuis jusqu'où tu voudras ce que tu appelles les commodités de la vie ; mais permets à des êtres sensés de s'arrêter, lorsqu'ils n'auraient à obtenir de leurs pénibles efforts que des biens imaginaires. Si tu nous persuades de franchir l'étroite limite du besoin, quand finirons-nous de travailler ? Quand jouirons-nous ? Nous avons rendu la somme de nos fatigues annuelles et journalières la moindre qu'il était possible, parce que rien ne nous paraît préférable au repos. Va dans ta contrée t'agiter, te tourmenter tant que tu le voudras ; laisse-nous reposer ; ne nous entête ni de tes besoins factices ni de tes vertus chimériques.*

**Le président**. — Décidément, le tableau est bien sombre ! Mais la plainte des vieux Tahitiens est compréhensible : un romantique a pu dire qu'un sauvage tient plus à sa hutte qu'un prince à son palais..... Continuons !

**Un juré**. — La Fontaine, Jean de. Né en 1621, tout juste deux ans après l'arrivée des premiers esclaves aux Amériques.... Fabuliste : je me sers des animaux pour mieux peindre les hommes. Parmi mes éminents contemporains figure Thomas

Hobbes, Anglais auteur du *Leviathan*, et pour qui *l'homme est un loup pour l'homme. Mon Paysan du Danube* a illustré cette pensée à sa façon. En effet,
*Il ne faut pas juger des gens sur l'apparence.*
*Le conseil est bon, mais il n'est pas nouveau.*
*Jadis, l'erreur du souriceau*
*Me servit à prouver le discours que j'avance :*
*J'ai, pour le fonder à présent,*
*Le bon Socrate, Ésope et certains paysans*
*Des rives du Danube, homme dont Marc Aurèle*
*Nous fait un portrait fort fidèle.*
*On connaît les premiers ; quant à l'autre, voici*
*Le personnage en raccourci.*
*Son menton nourrissait une barbe touffue ;*
*Toute sa personne velue*
*Représentait un ours, mais un ours mal léché ;*
*Sous un sourcil épais, il avait l'œil caché,*
*Le regard de travers, nez tordu, grosse lèvre,*
*Portait sayon de poil de chèvre,*
*Et ceinture de joncs marins,*
*Cet homme ainsi bâti fut député des villes*
*Que lave le Danube. Il n'était point d'asiles*
*Où l'avarice des Romains*
*Ne pénétrât alors et ne portât les mains.*
*Le député vint donc — et fit cette harangue :*
*Romains, et vous Sénat assis pour m'écouter,*
*Je supplie avant tout les dieux de m'assister ;*

*Veuillent les immortels, conducteurs de ma langue,*
*Que je ne dise rien qui doive être repris !*
*Sans leur aide, il ne peut entrer dans les esprits*
*Que tout mal et toute injustice :*
*Faute d'y recourir, on viole leurs lois.*
*Témoin nous que punit la Romaine avarice :*
*Rome est, par nos forfaits, plus que par ses exploits,*
*L'instrument de notre supplice.*
*Craignez, Romains, craignez que le ciel quelque jour*
*Ne transporte chez vous les pleurs et la misère ;*
*Et, mettant en nos mains, par un juste retour,*
*Les armes dont se sert sa vengeance sévère,*
*Ne vous fasse, en sa colère,*
*Nos esclaves à votre tour.*
*Et pourquoi sommes-nous les vôtres ? Qu'on me dise*
*En quoi vous valez mieux que cent peuples divers ?*
*Quel droit vous a rendu maîtres de l'univers ?*
*Pourquoi venir troubler une innocente vie ?*
*Nous cultivions en paix d'heureux champs ; et nos mains*
*Étaient propres aux arts ainsi qu'au labourage.*
*Qu'avez-vous appris aux Germains ?*
*Ils ont l'adresse et le courage :*
*S'ils avaient eu l'avidité,*
*Comme vous, et la violence,*
*Peut-être en votre place ils auraient la puissance,*
*Et sauraient en user sans inhumanité,*
*Celle que vos prêteurs ont sur nous exercée*

*N'entre qu'à peine en la pensée.*
*La majesté de vos autels*
*Elle-même en est offensée ;*
*Car sachez que les immortels*
*Ont les regards sur nous. Grâce à vos exemples,*
*Ils n'ont devant les yeux que des objets d'horreur,*
*De mépris d'eux et de leurs temples,*
*D'avarice qui va jusqu'à la fureur,*
*Rien ne suffit aux gens qui nous viennent de Rome*
*La terre et le travail de l'homme*
*Font pour les assouvir des efforts superflus.*
*Retirez-les ; on ne veut plus*
*Cultiver pour eux les campagnes.*
*Nous quittons les cités, nous fuyons aux montagnes,*
*Nous laissons nos chères compagnes ;*
*Nous ne conversons plus qu'avec des ours affreux,*
*Découragés de mettre au jour des malheureux,*
*Et de peupler pour Rome un pays qu'elle opprime.*
*Quant à nos enfants déjà nés,*
*Nous souhaitons de voir leurs jours bientôt bornés :*
*Vos prêteurs au malheur nous font joindre le crime.*
*Retirez-les : ils ne nous apprendront que la noblesse*
          *et que le vice*
*Les Germains comme eux, deviendront*
*Gens de rapine et d'avarice.*
*C'est tout ce que j'ai vu dans Rome à mon abord.*
*N'a-t-on point de présent à faire,*

> *Point de pourpre à donner : c'est en vain qu'on espère*
> *Quelque refuge aux lois ; encore leur ministère*
> *A-t-il mille longueurs. Ce discours un peu fort*
> *Doit commencer à vous déplaire.*
> *Je finis. Punissez de mort*
> *Une plainte un peu trop sincère.*
> *À ces mots, il se couche ; et chacun étonné*
> *Admire le grand cœur, le bon sens, l'éloquence*
> *Du sauvage ainsi prosterné.*
> *On le créa : Patrice ; et ce fut la vengeance*
> *Qu'on crut qu'un tel discours méritait. On choisit*
> *D'autres prêteurs ; et par écrit*
> *Le Sénat demanda ce qu'avait dit cet homme,*
> *Pour servir de modèle aux parleurs à venir.*
> *On ne sut pas longtemps à Rome*
> *Cette éloquence entretenir.*
> *Applaudissements.*

**Le président**. — Je prends acte de votre réquisitoire. Les esprits nobles, les grands cœurs se rencontrent ; ainsi, cet extraordinaire *Paysan du Danube* est en avance d'au moins deux siècles sur le malheureux *Vieillard Tahitien* dont nous venons d'enregistrer la diatribe contre la colonisation. Mais encore ?

*Au Lecteur.*

— Lisez !

**Le Lecteur**. — Oui, cette fois encore, c'est un opprimé qui partage les tribulations d'un autre opprimé. C'est Jean Brière qui nous écrit ceci :
*Frère noir, me voici ni moins pauvre que toi,*
*Ni moins triste ou plus grand. Je suis parmi la foule*
*L'anonyme passant qui grossit le convoi,*
*La goutte noire solitaire de tes houles.*
*Vois tes mains ne sont pas moins noires que nos mains,*
*Et nos pas à travers des siècles de misère*
*Marquent le même glas sur le même chemin ;*
*Nos ombres s'enlaçaient aux marches des calvaires.*
*Car nous avons déjà côte à côte lutté.*
*Lorsque je trébuchais, tu ramassais mes armes,*
*Et de tout ton grand corps par le labeur sculpté,*
*Tu protégeais ma chute et souriais en larmes.*
*De la jongle montait un silence profond*
*Que brisaient par moment d'indicibles souffrances.*
*Dans l'âcre odeur du sang, je relevais le front*
*Et te voyais dressé sur l'horizon, immense.*
*Nous connûmes tous deux l'horreur des négriers...*
*Et souvent comme moi tu sens des courbatures*
*Se réveiller après des siècles meurtriers,*
*Et saigner de ta chair les anciennes blessures...*
*Nous avons désappris le dialecte africain,*
*Tu chantes en anglais mon rêve et ma souffrance,*

*Au rythme de tes blues dansent mes vieux chagrins,*
*Et je dis ton angoisse en la langue de France.*
*Le mépris qu'on te jette est sur ma joie à moi.*
*Le lynché de Floride a son ombre en mon âme,*
*Et du bûcher sanglant que protège la loi,*
*Vers ton cœur, vers mon cœur monte la même flamme.*
*Quand tu saignes, Harlem, s'empourpre mon mouchoir.*
*Quand tu souffres, ta plainte en mon sang se prolonge.*
*De la même ferveur et dans le même soir,*
*Frère noir, nous faisons tous deux le même songe.*

**Le président**. — Afin de pouvoir enchaîner, je voudrais que la parole soit donnée à l'auteur des *Châtiments*. Et s'il est dans la salle, qu'il veuille bien se présenter à notre public.

**Victor Hugo** *(au public, avec courbette)*. — Hugo, Victor-Marie, né en 1802, un an avant l'abolition de l'esclavage par le Canada. Poète, et mes préoccupations : les plus nobles idées de justice, d'humanité, de progrès moral et social. Mais, par-dessus tout, je suis farouchement hostile à toutes les formes d'oppression. *Ce siècle avait deux ans/Rome remplaçait Sparte déjà/Napoléon perçait sous Bonaparte/*, Etc. Vous avez, par la suite, connu cet empereur, surnommé le Grand, qui, encore Premier Consul, rétablit, dans la même année de ma naissance, la traite des noirs abolie par la France républicaine, en 1794 !

*Se retournant vers le président et ses collègues jurés.*

Monsieur le Président, collègues jurés. Relisez, *Toussaint Louverture*, ce pathétique drame antiesclavagiste d'Alphonse Lamartine, et faites le rapprochement avec ma *Dernière Gerbe* qui reste et restera mon testament à l'humanité tout entière, car pour moi :

*Tous les hommes sont l'homme, et pas plus que les cieux,*
*Le droit n'a de rivages ;*
*Ma sombre liberté sent le poids monstrueux*
*De tous les esclavages.*
*Avec tout prisonnier je me sens enfermé ;*
*Ses chaînes sont les nôtres.*
*Guerre aux rois ! Délivrance ! Un seul peuple opprimé*
*Opprime tous les autres !*

Applaudissements.

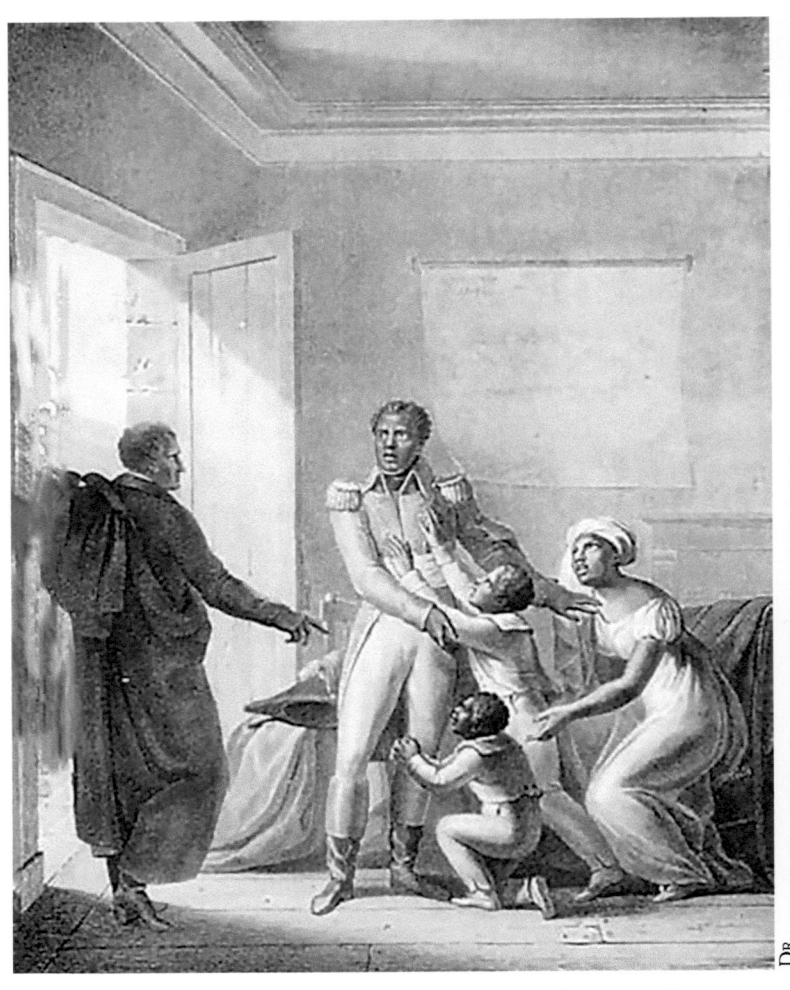

*François-Dominique Toussaint Louverture de son vrai nom Toussaint de Bréda, né vers 1743 près du Cap-Français, mort en captivité le 7 avril 1803 à La Cluse-et-Mijoux au Fort de Joux.*

**Entracte**

*Des comédiens jouent la scène 1 de l'acte 2, et les scènes 6 et 7 de l'acte 5 de Toussaint Louverture.*

**La Lutte de Toussaint Louverture**

**1. La prière de Toussaint** *(seul, il se promène, à pas interrompus et inégaux).*

*Cette heure du destin si longtemps attendue,*
*La voilà donc !... En vain, je l'avais suspendue,*
*En vain, je suppliais Dieu de la retenir ;*
*Pour décider de nous, elle devait venir !*
*Entre la race blanche et la famille noire,*
*Il fallait le combat puisqu'il faut la victoire*

*...*

Il s'arrête un moment.

*À quelle épreuve, ô ciel, cette nuit me soumet !*
*J'ai monté, j'ai monté... voilà donc le sommet*
*Où mon ambition de doutes assiégée,*
*Par ma race et par Dieu, va demeurer jugé...*
*Non, non, pardonne, Ô, Dieu, si j'ai douté !*
*Ne marches-tu donc pas devant la liberté ?*
*En vain dans tes secrets notre destin repose :*
*Le plus sûr des drapeaux, c'est une juste cause !*

*Oui, tu m'as suscité sur cette nation.*
*Ton oracle ! Ce fut sa profanation ;*
*Ce fut dans tes enfants ton image offensée ;*
*L'instinct qui venge l'homme est toujours ta pensée !*
*Courage donc, Toussaint, voilà ton Sinaï !*
*Dieu se lève vengeur dans ton peuple trahi !*

...

        Il prie.

*Crucifié pour tous ! Symbole d'agonie*
*Et de rédemption !*

...

Il s'interrompt et reprend avec amertume.
*Quelle amère ironie !*
*Où se heurte mon cœur lorsque je veux prier ?*
*Quoi ? C'est le Dieu des blancs qu'il nous faut supplier ?*
*Ces féroces tyrans dont le joug nous insulte*
*Nous ont donné le Dieu que profane leur culte ;*
*En sorte qu'il nous faut, en tombant à genoux*
*Effacer leur image, entre le ciel et nous !*
*Eh bien, leur propre Dieu contre eux est mon refuge !*
*Il fut leur Rédempteur, mais il sera leur juge !*
*La justice à ses yeux n'aura plus de couleur,*
*Puisqu'il choisit la croix, il aime le malheur...*

        Rideau

**2. Le drame d'un père... et d'un libérateur.**
Les deux fils de Toussaint, Albert et Isaac, ont été élevés en France, et le Premier Consul Bonaparte les rend à leur père, non sans avoir convaincu Albert *(l'aîné)* qu'il doit décider son père à accepter une alliance qui ne serait qu'une soumission. Toussaint se trouve ainsi devant une alternative déchirante : ou perdre son fils ou trahir son peuple ! La scène est prise au moment où, récitant une prière apprise au temps de l'esclavage, l'un des jeunes gens vient de demander à Dieu :

*Un bon père là-haut !.... Sur la terre, un bon maître !*

Toussaint se lève, avec indignation ;
ses enfants étonnés se lèvent avec lui.

**Toussaint** *(avec Force)*
*Un maître !... Qu'as-tu dit ?... Le nègre n'en a plus !*
*Ces mots sont effacés, ces temps sont disparus !*

*....*

*Debout, enfants, debout, le noir est enfin homme !*
*Spartacus a brisé ses fers ailleurs qu'à Rome !*
*Un maître ! ... Ah ! De ce mot tout mon cœur a saigné ;*

*Il me rappelle au cri de mon sang indigné*
*Que mes fils dans mes bras sont le présent d'un traître,*
*Que j'ai des ennemis ! Ah ! Oui ! Mais pas de maître !*

...

À ses fils.

*Vous venez, en leur nom, m'apporter leur mépris !*
*J'arracherais vos cœurs s'ils les avaient flétris !*
*Vous n'êtes plus mes fils, ma tendresse, ma joie ;*
*Non, vous êtes l'esprit du blanc qui vous envoie,*
*Vous parlez leur langage et vous dites leur nom.*
*Ils m'ont gâté mon sang !*

**Isaac.** — *Ô, mon père, pardon !*

**Toussaint**
*Embrasse-moi !.... Loin, loin, toute parole amère !*
*Elle ferait gémir l'ombre de votre mère*
*Tu ne le diras plus, ce mot injurieux :*
*Les blancs sont des larrons, le maître est dans les cieux !*

Il regarde et touche leurs habits.

*Ils ont changé sur vous l'habit de votre enfance ;*
*Rougissez-vous de moi sous ce luxe de France ?*

**Albert & Isaac** *(révoltés).* — Ah !

**Toussaint** *(avec orgueil)*
*Ce vieux mendiant a sous ses vils habits*
*Un empire et son nom à laisser à ses fils !*
*Laissons cela ! Chacun sent, selon sa nature,*
*Dans les dons du tyran la chaîne ou la parure ;*

…

*Qu'apportez-vous de lui ?*

**Albert.** — *La paix.*

**Toussaint.** — *Dérision*

**Albert.** — *La liberté des noirs et leur soumission.*

**Toussaint.** — *Leur soumission ?*

**Albert.** — *Non ce joug lourd et rude…*

**Toussaint.** — *Taisez-vous ! Point de paix avec la servitude !*

**Albert**. — *Entre les blancs et les noirs complète égalité.*

*Leur drapeau seulement couvrant la liberté.*

**Toussaint** *(ironiquement)*. — *Oui comme le linceul couvre les cadavres !...*

Un témoin de cet entretien, un moine,
Le Père Antoine, donne alors connaissance à Toussaint d'une lettre où l'on rapporte ce propos de Bonaparte :

*La liberté des noirs sera le deuil des blancs !*

**Le Moine**. — *Voilà ton allié Toussaint !*

**Toussaint**. — *Lui ! Moi !... L'infâme !*

**Le Moine**. — *Voilà le cri du sang, voilà le fond de l'âme !*

**Toussaint**. — *Son masque de héros ne me cache plus rien.*

*L'ennemi de ma race est à jamais le mien !*

**Albert**. — *À ces emportements, donnez du temps, mon père !*
*Possédez tout en vous, même votre colère...*
*Il ne veut sur les noirs régner que par la loi*
*Un pas, vous êtes libre ! Un mot, vous êtes roi !...*

Il tend la main à son père.

**Toussaint** *(retirant la sienne)*
*Arrête ! Entre nous deux, je vois toute ma race.*
*Sois de ton sang, mon fils, avant que je t'embrasse !*
*Quoi ? C'est toi, c'est un fils par ma mort, racheté,*
*Qui me conseille un pacte avec la lâcheté !*
*Non, je n'affranchis pas Haïti de ses chaînes*
*Pour aggraver le poids d'autres races humaines ;*
*Tout affront par un noir en mon nom supporté*
*Me ferait détester ma propre liberté.*
*Qui la livre, mon fils, pour moi n'en est plus digne.*
*Tu vois dans quel esprit le chef des blancs la signe.*
*Il la tend en amorce aux noirs de nos climats,*
*Pour l'enchaîner ailleurs à l'arbre de ses mâts,*
*Et revenir après, débarquant dans nos havres,*
*Dans son berceau sanglant l'étouffer de cadavres !*
*Et je lui prêterais le sol pour l'égorger ?*
*Je retiendrais le bras qui seul peut le venger ?...*
*Quoi ? Du bourreau des miens silencieux complice,*
*Du sein de mon repos, je verrais leur supplice ?*

*Et c'est vous ! Vous, mon fils !...*
*Ah ! Dans mon vaste sein,*
*N'ai-je donc quarante ans couvé mon grand dessein,*
*Diminué ma force, évaporé ma haine,*
*Bu ma honte, joué, chien souple, avec ma chaîne,*
*Et serrant le fer nu dans mon poing frémissant,*
*Tracé vers l'avenir ma route avec mon sang,*

Il découvre sa poitrine et laisse voir ses cicatrices.

*Que pour voir, ô dernière, irréparable injure !*
*Mes fils, me rejeter ce sang à la figure :*
*Et dire, en reniant le coup que j'ai frappé,*
*Reprenez votre mors, vous vous êtes trompé !*
*Eh bien, oui ! Qu'il soit fait ! Que je meure et qu'on dise :*
*Toussaint mena son peuple à la terre promise,*
*Mais il ne verra pas le bien qu'il a conquis !*
*Seul, il eût été roi !... Mais il avait des fils !...*
*Allez ! Cœurs dont l'Europe a ramolli les fibres,*
*Vous emportez mon sang, mais je vous laisse libres.*
*Choisissez sans contrainte entre les blancs et moi !*

**Isaac**. — *Dut l'île s'engloutir moi j'y reste avec toi !*
*...*

Rideau.

**Deuxième partie
Suite du Procès**

*Roulements de tam-tams, lever de rideau.*

**Le président**. — Nous poursuivons l'audience. *Un seul peuple opprimé/opprime tous les autres,* c'est sur cette réflexion de Victor Hugo que nous avons suspendu la séance pour nous livrer à la méditation.

*Au Lecteur.*

— Mais qu'avons-nous encore au dossier du procès ?

**Le Lecteur**. — L'accusation d'un instituteur français, nommé Jean Dard. Voici son réquisitoire :
L'Égypte — dont les habitants, au rapport d'Hérodote, avaient l'épiderme noir et les cheveux crépus — a été le berceau et la première patrie des

connaissances humaines. C'est de cette contrée que l'art de l'écriture et les éléments des sciences furent importés dans la Grèce, qui était beaucoup plus barbare que ne l'est aujourd'hui la nation des nègres, s'il est vrai que ses habitants se nourrissaient de glands et ignoraient l'usage du feu. Quoi qu'il en soit, il est certain que les Grecs ont dû leurs lumières moins à leurs progrès intérieurs et à leurs facultés intellectuelles qu'à leurs communications avec les peuples de l'ancienne Égypte. Favorisée par des circonstances heureuses, la Grèce, civilisée par l'Égypte, porta bientôt l'intelligence humaine aux sciences les plus sublimes. Rome devint à son tour disciple de la Grèce ; et cette maîtresse du monde sema, sur toutes les provinces conquises par ses armes, les germes de la civilisation, en répandant les connaissances qu'elle avait reçues dans les lettres, les arts et les sciences. C'est des Romains que les diverses contrées de l'Europe ont tiré les éléments des connaissances dont elles s'honorent aujourd'hui. En nous appuyant de l'autorité de l'Histoire, nous voyons que les conquérants ont été souvent un bienfait pour les pays conquis. Le commerce, en introduisant dans des contrées encore barbares les marchands et les citoyens d'une nation policée, a eu aussi des résultats heureux, surtout quand la justice et la bonne foi ont servi de base aux communications. Cependant, quels avantages l'Afrique a-t-elle tirés de tous ces grands mouvements de civilisation universelle ? Quels conquérants, quels marchands ont importé chez le nègre le bienfait des lumières et les premiers germes de la civilisation ? Ah ! Faut-il s'étonner de voir si peu d'industrie parmi les enfants de la malheureuse Afrique ? Faut-il s'étonner de les voir si peu avancés dans la civilisation, quand on sait que l'infâme commerce de la traite, est l'art de commettre et de faire commettre, tous les crimes, tous les forfaits, toutes les abominations ? Une grande partie du continent africain n'est depuis longtemps qu'un vaste champ de carnage et de désolation ; une forêt qui sert de repaire aux loups et aux vautours à figure humaine de l'Europe ; en un mot, un théâtre de pillage, de fraude, d'oppression et de sang.

Voilà néanmoins le tableau de la civilisation que les marchands négriers européens ont importé chez les peuples de l'Afrique. Quelles douloureuses réflexions fait naître cet affligeant tableau, mais combien cette douleur s'accroit, lorsqu'on réfléchit que, tous les ans, 60 à 80 000 noirs sont arrachés à leur patrie, à leurs familles, à leurs amis, pour être transportés dans des contrées lointaines, où eux et leur postérité sont condamnés à se courber éternellement sous les travaux les plus pénibles, pour enrichir des tyrans qui les oppriment ! Se peut-il que nous voyions tant de maux se succéder depuis trois siècles pour anéantir une nation innocente et inoffensive, sans prendre intérêt à ses souffrances, sans plaider sa cause, qui est celle de l'infortune et de l'humanité ? Mais si la destinée de l'Afrique a été telle que jusqu'ici ses rapports avec les marchands négriers de l'Europe et de l'Amérique n'ont servi qu'à l'avilir et à la démoraliser, il ne faut pas en conclure que ses habitants sont indifférents pour la civilisation ; ils n'ont que des malédictions à adresser aux marchands de chair humaine ; mais ils montrent pour ceux qui cherchent à les instruire, beaucoup d'affection et de reconnaissance. L'amour de la vérité est l'une des premières leçons qu'un nègre donne à son fils, dès qu'il peut bégayer : *amana benne yalla dale,* il n'y a qu'un seul Dieu. Ils sont en général d'une fidélité remarquable dans tout ce qui leur est confié. Le sol africain semble être le lieu où le respect filial a le plus d'emprise sur le cœur de l'homme : *Dorre ma,* frappe-moi, dit le jeune Africain, *Wandey boul saga sama baye*, mais n'insulte pas mon père. Quant à leur sensibilité, à leur affection mutuelle, à leur capacité intellectuelle, à leur humanité, elles sont pour le moins aussi grandes, aussi vraies que chez les blancs ; et quiconque a vécu parmi les Africains, en observateur, peut affirmer que si la nature a mis quelque différence entre les hommes dans la couleur de la peau, elle n'en a mis aucune dans l'expression de ces sentiments naturels qu'elle a placés dans le cœur de tous les êtres appartenant à la grande famille du genre humain.

**Le président**. — La parole est à qui voudrait la prendre.

**Un juré** *(levant la main)*...

**Le président**. — Veuillez vous présenter à notre public !

**Le juré** *(vers le public, avec courbette)*. — Washington George, né en 1732, général et homme politique américain. Cofondateur et premier président des États-Unis d'Amérique.

*Se tournant vers le président.*

– Au sujet des Noirs, Monsieur le Président et mes chers collègues, je me contenterai de vous raconter une toute petite anecdote qui pourra vous permettre de juger de mon opinion ou de mes sentiments à leur égard : un jour, je rencontre un Noir qui me salue avec une politesse exquise ; je lui réponds de même, mais dans mon entourage, on relève mon acte ou, si vous aimez mieux, mon réflexe naturel, comme une condescendance superflue, ce à quoi je réplique, non sans indignation : vous ne voudriez pas qu'un pauvre noir ignorant fût plus poli que moi !

*Applaudissements.*

**Le président** : Je prends acte de votre anecdote qui ne manque pas de sens profond, pour être laconique, et je vous assure, président Washington, qu'elle eût été le meilleur de tous vos discours de campagne électorale, et que si, à l'époque, les noirs américains avaient été affranchis, avec leur droit de vote, on peut aisément deviner le reste.

*Au Lecteur.*

— Voulez-vous nous donner lecture de la suite du dossier ?

**Le Lecteur**. — Cette fois, c'est une voix qui nous parvient de la lointaine Afrique du Sud...

**Le président**. —... Lointaine, si vous voulez, mais proche de tous nos cœurs. Veuillez continuer !

**Le Lecteur**. — Oui, cette voix est celle d'Alan Paton. Jugez-en :
*Il est difficile d'être né Sud-africain. L'on peut être né Afrikaner ou Sud-africain de langue anglaise, ou homme de couleur, ou Zoulou. L'on peut parcourir à cheval, comme je l'ai fait enfant, de vertes collines et de vastes vallées. L'on peut visiter, comme je l'ai fait enfant, les réserves où vivent les Bantous, et ne rien voir de ce qui s'y passe. L'on peut apprendre (ainsi que je l'ai appris enfant), qu'il y a plus d'Afrikaners en Afrique du Sud, que des gens d'origine anglaise, et n'en rien savoir, n'en rien voir. L'on peut lire (comme j'en ai lu, enfant) des brochures, sur la belle Afrique du Sud, ce pays de soleil et de beauté, à l'abri des orages du monde, et éprouver de l'orgueil et de l'amour pour cette terre, et pourtant ne rien connaître sur elle. C'est plus tard seulement que l'on apprend qu'il y a autre chose ici que du soleil, de l'or et des oranges. C'est plus tard seulement que l'on découvre les haines et les terreurs de ce pays. C'est alors que notre amour pour lui devient profond et passionné comme celui qu'un homme peut porter à une femme à la fois sincère, fausse, froide, aimante, cruelle et effrayée. Je suis né*

*dans une ferme. J'ai été élevé par des parents honnêtes qui m'ont donné tout ce dont un enfant peut avoir besoin ou envie. Ils étaient loyaux et bons et respectueux des lois ; ils m'ont appris mes prières, et ils m'emmenaient régulièrement à l'église ; ils n'avaient pas des difficultés avec leurs domestiques et mon père n'a jamais manqué d'ouvriers. J'ai appris d'eux ce qu'un enfant doit apprendre d'honneur, de charité et de générosité. Mais je n'ai rien appris de l'Afrique du Sud ! C'est pourquoi, je consacrerai ma vie, mon temps, mes forces, mon talent au service de l'Afrique du Sud. Je ne me demanderai plus si telle ou telle chose est commode, mais seulement si elle est juste. J'agirai ainsi, non parce que je suis noble et désintéressé, mais parce que la vie nous dépasse et parce que j'ai besoin, pour le reste de mon voyage, d'une étoile qui ne me trahira pas, d'un compas qui ne mentira pas. J'agirai ainsi, non parce que je suis négrophile et ennemi de ma race, mais parce que je ne trouve pas en moi la possibilité d'agir autrement. Si je pèse ceci contre cela, je suis perdu ; si je me demande si les hommes, blancs ou noirs, anglais ou afrikaners, gentils ou juifs, m'approuveront, je suis perdu. J'essayerai donc de faire ce qui est juste et de dire ce qui est vrai. J'agis ainsi, non parce que je suis courageux et sincère, mais parce que c'est la seule façon de mettre fin au conflit profond de mon âme. J'agis ainsi parce que je ne suis pas capable de continuer à aspirer au plus haut idéal avec une part de moi-même, tandis que l'autre trahit cet idéal. Je ne veux pas vivre de la sorte, je préférerais mourir. Je comprends à présent ceux qui sont morts pour leurs convictions, et en ne trouvant point leur mort ni surprenante, ni brave, ni noble. Ils ont préféré la mort à une certaine façon de vivre. Voilà tout. Toutefois, il ne serait pas honnête de prétendre que je ne suis mû que par une sorte d'égoïsme à rebours. Je suis mû par quelque chose qui ne dépend pas de moi et qui s'est efforcée de surmonter ses propres craintes et ses propres haines. Cela facilite grandement ma tâche. Mes enfants sont trop jeunes pour comprendre. Il me serait douloureux qu'ils se missent en grandissant à me haïr ou à me craindre ou à voir en moi un traître à ces choses que j'appelle nos biens. Cela sera une source de joie infinie, si en grandissant, ils pensent comme nous. Ce sera là un bonheur exaltant et magnifique, une raison de remercier Dieu. Mais c'est une chose qui ne se marchande pas. Elle me sera donnée ou refusée. Et dans l'un ou l'autre, cas, elle ne doit pas altérer le cours de la justice.*

**Le président**. — Cela va de soi, et notre assemblée est une adhésion, une réponse favorable à cette voix. La parole est encore à qui voudrait la prendre !

**Un juré** *(se levant et se présentant au public).* — Lincoln Abraham. Né en 1809. Homme d'État américain.

*Se tournant vers le président.*

— Dès 1849, j'ai Monsieur le Président, réclamé la suppression de l'esclavage, car j'ai entendu dans ma vie bien des arguments destinés à soutenir que la condition d'esclave était ce qu'il y avait de plus naturel ! S'il en était ainsi, je me suis même laissé jusqu'à aller conseiller à ceux qui n'étaient pas esclaves de le devenir ! Plus tard devenu président des États-Unis d'Amérique, les racistes invétérés du Sud m'ont fait payer de ma peau mes nobles sentiments à l'égard des noirs !

*Applaudissements.*

**Le président** : Je prends acte de votre déclaration, et soyez convaincu que vous n'êtes pas mort en vain : notre cour de Justice est l'épilogue logique de votre action en faveur de la fraternité humaine.

*(Au Lecteur)*

– Poursuivons le dossier !

**Le Lecteur**. — C'est au tour de l'Inde d'entrer maintenant en scène, par la voix du Mahàtmà, Mohandas Karamchand Gandhi. Écoutez :

*Ma mission ne sera pas terminée le jour où les Indiens s'aimeront comme des frères. Elle ne prendra pas fin non plus avec la libération de l'Inde, bien qu'à l'heure actuelle, j'y consacre le plus clair de mes forces et de mon temps. Mais ce que je cherche à travers la libération de l'Inde, c'est conduire tous les hommes à ne plus faire qu'une seule communauté fraternelle. Mon patriotisme ne connaît aucune exclusive. Il est prêt à accueillir le monde entier. Je ne peux que rejeter toutes ces formes de patriotisme qui tirent leurs forces des malheurs et de l'exploitation des autres nations. Mon patriotisme perd toute sa signification s'il ne cherche pas, en permanence et sans la moindre exception, à promouvoir le maximum de bien pour l'humanité tout entière. Mais il y a plus, c'est toute vie que je cherche à embrasser avec ma religion, et, par voie de conséquence, grâce à mon patriotisme... Je suis un humble serviteur de l'Inde et, en essayant de servir l'Inde, c'est à l'humanité entière que je rends service... Après environ cinquante années de vie publique, je suis en mesure de dire aujourd'hui que, plus que jamais, je suis persuadé qu'il n'y a aucune incompatibilité entre le service de sa nation et celui de toute l'humanité. Cette certitude a du bon. En tenir compte est la seule condition pour créer une détente dans le monde et mettre un terme à ses accès de jalousie qui dévorent les nations de notre globe... Nous voulons la liberté pour notre pays, mais à condition de ne pas porter préjudice aux autres nations, de ne les exploiter en rien et de ne les avilir en aucune manière. Je ne veux pas pour mon pays d'une liberté qui entraînerait la déchéance de l'Angleterre ou l'extermination des Anglais. Je souhaite, au contraire, que la libération de l'Inde permette à d'autres pays d'apprendre quelque chose de mon pays libre et que ses ressources puissent servir au bien de l'humanité. De même que le culte du patriotisme nous apprend aujourd'hui quel individu doit mourir pour la famille, la famille pour le village, le village pour le district, le district pour la province et celle-ci pour le pays, de même un pays doit être libre pour mourir, le cas échéant, dans l'intérêt du monde. En vertu de l'amour que je porte à mon pays ou de l'idée que je me fais du nationalisme, j'admets que mon pays peut devenir libre pour être à même de mourir si ce sacrifice devait permettre à l'humanité de vivre. Que notre nationalisme ne nous autorise pas le moindre racisme : tous les hommes sont frères, telle est la liberté que nous voulons.*

**Le président**. — De l'esclavage, nous avons glissé vers le racisme, mais cela s'entend, n'est-ce pas ?

**Un juré** *(se levant).* — ... *Que notre nationalisme...*

**Le président** *(l'interrompant).* — Veuillez vous présenter !

**Le juré.** — Booker-Washington, ancien esclave noir américain affranchi, et donc sans autre identité... Puis-je maintenant continuer ?

**Le président.** — Je vous en prie.

**Booker T. Washington.** — Merci. *Que notre nationalisme ne nous autorise pas le moindre racisme..., je le veux bien, mais voici mon opinion personnelle. À quel point de vue que je me place, je préfère être ce que je suis, un membre de la race noire, plutôt que de me réclamer des plus favorisées des autres races ! J'ai toujours éprouvé une certaine tristesse en entendant des hommes d'une race ou d'une autre se prévaloir de droits, de privilèges ou de certaines marques de distinctions, sous le prétexte simplement qu'ils sont les membres d'une certaine race, abstraction faite de leurs mérites et leur valeur professionnelle. Je n'ai jamais pu me défendre d'un sentiment de tristesse à l'égard de ces personnes, parce que j'ai la conviction intime que ce n'est pas le fait de faire partie d'une race supérieure qui élève un homme s'il n'a pas une valeur* *réelle par lui-même ; ni le fait de venir d'une race, considérée comme inférieure, qui empêchera celui qui a une valeur intrinsèque de s'élever plus haut. Tout être humain persécuté, ou toute race persécutée trouveront des consolations infinies dans la grande loi humaine, universelle et éternelle qui veut que le mérite à la longue, sous quelque peau qu'il se cache, soit reconnu et récompensé. Ce que je viens de dire n'est pas pour attirer l'attention sur ma personne, mais sur la race à laquelle je suis fier d'appartenir.*

Applaudissements.

**Le président**. — En somme, ce sont les petits esprits qui tirent vanité de leurs prétendues hautes origines, avivant ainsi leurs instincts raciaux, et...

**Un juré**. — Permettez, monsieur le Président. L'instant m'est particulièrement favorable pour enchaîner ou, si vous aimez mieux, pour renchérir, car...

**Le président**. — Voulez-vous s'il vous plaît, vous présenter ?

**Le juré** : Truman Harry, né en 1884. Homme de loi. Président des États-Unis d'Amérique. J'ai dit tout à l'heure que l'instant m'était particulièrement favorable pour intervenir, et pour cause ! Parmi les hommes de couleur que mon pays a affranchis nombreux se sont révélés, à bien des égards, de loin supérieurs à ceux de ma race. Ils nous ont, en effet, prouvé que les considérations raciales relevaient de la pure stupidité aveugle ! C'est le cas de Booker-Washington, ici présent, et à la suite de qui il me plaît de prendre la parole. En effet, en 1946, ma patrie reconnaissante a élevé dans le *Temple de la renommée* — notre *Panthéon*, en quelque sorte — un buste à la mémoire et à la gloire de Booker. À cette heureuse occasion, et en ma qualité de président des États-Unis d'Amérique, voici ce que j'ai dit dans mon message de félicitations : L'institut de Tuskegee *(dont il était le directeur fondateur)* est un témoignage vivant et permanent à la gloire de Booker-Washington. Ce dernier compte désormais parmi les immortels américains qui ont trouvé leur place dans le *Temple de la renommée*. Pour tous ceux qui veulent aller de l'avant, il constitue un exemple vivant de ce que peut accomplir un homme en dépit des obstacles de naissance et d'origine. Nous sommes fiers de pouvoir l'honorer comme un de nos héros.

*Applaudissements.*

**Le président**. — Au nom de la cour, je vous présente mes chaleureuses félicitations !

*Nouveaux applaudissements.*

**Un juré**. — N'empêche, Monsieur le Président...

**Le président**. — Présentez-vous, je vous prie !

**Le juré**. — King Martin-Luther. Pasteur spirituel. Noir américain. Oui n'empêche, ai-je dit, que notre monde américain est toujours rongé par le mal du racisme. Contre celui-ci, j'ai entrepris mon combat sans violence, mais vous savez comment je l'ai terminé : j'ai payé de ma vie ! *Si j'ai été dès l'abord déçu d'être catalogué comme extrémiste, en continuant de réfléchir à ce sujet, j'ai progressivement trouvé quelque satisfaction dans cette étiquette. Est-ce que Jésus n'était pas un extrémiste de l'amour ? Aimez* (jusqu'à) *vos ennemis, bénissez ceux qui vous maudissent, faites du bien à ceux qui vous haïssent, et priez pour ceux qui vous persécutent. Est-ce qu'Amos n'était pas un extrémiste de la justice ? Laissez la justice couler comme les eaux et la droiture comme un fleuve intarissable... Aussi la question n'est pas : serons-nous des extrémistes ? Mais quel genre* *d'extrémistes serons-nous ? Serons-nous des extrémistes pour la haine ou pour l'amour ? Serons-nous des extrémistes pour la conservation de l'injustice ou pour l'expression de la justice ? Peut-être que les États du Sud, la nation et le monde ont un besoin tragique d'extrémistes créateurs...*

*Applaudissements.*

**Le président**. — La cour vous remercie de cette précision. Il est seulement regrettable que le monde continue à fermer les yeux et à se boucher les oreilles pour ne rien voir et ne rien entendre !...

*Au Lecteur.*

– Voulez-vous reprendre la lecture du dossier ?

**Le Lecteur**. — C'est de nouveau, une dépêche d'Alan Paton, sous le même titre que précédemment : *Pleure, Ô Pays bien-aimé*. Je lis donc :
*Ce que nous avons fait quand nous sommes arrivés en Afrique du Sud était légitime. Il était légitime de développer nos vastes ressources à l'aide de la main-d'œuvre qui se trouvait là. Il était légitime d'utiliser des hommes non spécialisés pour un travail non spécialisé. Mais il n'est pas légitime de maintenir des*

*ouvriers au stade de la main-d'œuvre non spécialisée sous prétexte qu'on a un travail non spécialisé à accomplir. Il était légitime, lorsque nous avons découvert de l'or, d'amener de la main-d'œuvre vers les mines. Il était légitime d'installer des camps pour les travailleurs en gardant les femmes et les enfants hors des villes. Cela était légitime à titre d'expérience et à la lumière de ce que nous savions alors. Mais à la lumière de ce que nous savons aujourd'hui, cela n'est plus légitime. Il n'est pas légitime de continuer à détruire la vie de famille lorsque nous savons que nous la détruisons. Il est légitime de mettre nos ressources en valeur si la main-d'œuvre y consent. Mais il n'est pas légitime de les mettre en valeur aux dépens de la main-d'œuvre. Il n'est pas légitime d'extraire de l'or, de fabriquer des produits ou de cultiver des terres, si cette extraction, cette fabrication et cette culture exigent une politique qui maintient la main-d'œuvre dans la misère. Il n'est pas légitime que des hommes accroissent leur fortune s'ils ne peuvent le faire qu'aux dépens d'autres hommes. De telles actions n'ont en vérité qu'un seul nom et c'est le mot exploitation. Cela a pu être légitime aux premiers jours de notre pays, alors que nous ne pouvions mesurer ce que cette exploitation représentait de destruction de la vie communautaire indigène, de pauvreté, d'abjection, de crime... Mais maintenant que le prix nous en est connu, cela n'est plus légitime. Il était légitime d'abandonner l'instruction des indigènes à ceux qui voulaient bien s'en charger. Il était légitime de se douter de ses bienfaits. Mais cela n'est plus légitime à la lumière des expériences. Tant à cause du développement de notre industrie que pour des raisons indépendantes de notre volonté, il existe à présent une population indigène urbaine considérable. La société a toujours, dans son propre intérêt sinon pour d'autres raisons, instruit ses enfants afin de leur inculquer le respect des lois et de leur donner des buts et des coutumes conformes à la vie en société. C'est le seul moyen d'y parvenir. Pourtant nous continuons à laisser tout le soin de l'instruction de notre société indigène aux quelques Européens qui s'y intéressent et à leur refuser les crédits et les facilités nécessaires à son expansion. Cela n'est pas légitime. En outre, à ne considérer que le seul intérêt de la société, cela est dangereux. Il était légitime de détruire un régime de tribus qui retardait le développement de ce pays. Il était légitime de croire cette destruction inévitable. Mais il n'est pas légitime d'assister à une telle destruction et de ne la remplacer par rien, ou par si peu, qu'un peuple entier en périt physiquement et moralement. Le vieux système de la tribu était, en dépit de ses violences et de sa sauvagerie, en dépit de ses superstitions et de sa sorcellerie, un système moral.*

*Nos indigènes d'aujourd'hui deviennent des criminels, des prostituées et des ivrognes, non point parce que cela est dans leur nature, mais parce que leur système primitif d'ordre, de traditions et de conventions a été détruit. Il a été détruit par l'irruption de notre propre civilisation. Notre civilisation a, par conséquent, le devoir impérieux d'établir ici un autre système d'ordre, de traditions et de conventions. Il est vrai que nous espérions sauvegarder le régime de la tribu par une politique de ségrégation. Cela était légitime. Mais nous n'avons jamais suivi cette politique ni complètement ni sincèrement. Nous avons assigné un dixième des terres aux quatre cinquièmes de la population. Nous avons rendu inévitable de la sorte, et certains affirment que nous l'avons fait consciemment, l'afflux de la main-d'œuvre indigène vers les villes. Nous subissons les conséquences de notre propre égoïsme. Il ne s'agit pas de minimiser le problème. Il ne s'agit pas de donner à croire que la solution en soit facile. Il ne s'agit pas de prendre à la légère les dangers qui nous menacent. Mais, quelles que soient nos craintes devant ces dangers, nous ne pourrons jamais, et cela parce que nous sommes chrétiens, éliminer la question morale. Il est temps...*

**Un juré**. — Camarade Président ! Veuillez m'excuser d'interrompre le camarade, lecteur...

**Le président**. — Qu'à cela ne tienne ! Aussi vais-je vous demander de vous présenter !

**Le juré**. — Marx Karl, de nationalité allemande, né en 1818, de parents juifs. Homme politique, économiste, historien, philosophe, mais plus connu comme fondateur du socialisme. Combattu et pourchassé par mes contemporains à cause de mes idées avancées et de ma sensibilité aux questions politico-socio-économiques. Cependant, je n'ai pas seulement rencontré que de l'incompréhension partout ; je compte des partisans par milliers, et j'ai trouvé chez Lénine toute l'intelligence voulue ; il a été mon fidèle continuateur, tout en ayant apporté du sien dans le sens de mes idées. J'en arrive au fait : si je me suis permis d'interrompre le camarade, lecteur, c'est que celui-ci nous a fait prendre conscience d'un point du dossier. Lequel point j'estime : fondamental : ex-ploi-ta-tion ! Mais je voudrais, avant d'aller plus en avant, ouvrir une petite parenthèse, pour revenir un instant au thème initial du débat : trois ans avant ma naissance, l'Angleterre, l'Autriche, la France, le Portugal, la Russie, l'Espagne et la Suède, ai-je appris, avaient aboli l'esclavage, au Congrès de Vienne... Bof ! Aboli, le principe peut-être, car la suite et la pratique ont prouvé tout le contraire dans les faits ! Presque en même temps, un profond malaise social s'est installé au sein des nations européennes ; ce malaise s'est aggravé à la suite du fameux *boom économique européen* au profit, des sociétés capitalistes, et tout au détriment, de la classe prolétarienne, et ce, autour des années 1830. L'audience s'est ici longuement attardée sur l'esclavage ; je le veux bien, mais c'est tout comme certains historiens passent sous silence ce boom qui a engendré, non seulement, un mal-être de l'ouvrier, des sociétés européennes industrialisées, mais a beaucoup contribué aussi à intensifier l'esprit colonial qu'il faut considérer de toute évidence comme une forme à peine voilée, de l'esclavage. Bref, lorsque les peuples colonisés se débattaient sous le joug de l'oppression et de la spoliation, l'Europe se déchirait dans des luttes intestines des classes : alors j'ai écrit *Le Capital*, estimant que colonialisme, esclavage et racisme se résumaient en une seule expression qui est l'exploitation de l'homme par l'homme ! Voilà.

*Applaudissements.*

**Le président**. — La cour vous remercie vivement de votre brillante intervention on ne peut plus scientifique ! *Quelqu'un frappe à la porte du tribunal.*

— Quelqu'un a frappé à la porte ?

*Le Lecteur se lève et va ouvrir : c'est Alan Paton qui demande à entrer dans la salle.*

**Le Lecteur**. — C'est Alan Paton qui demande à entrer...

**Le président**. — Eh bien, faites-le donc entrer !

Alan Paton *(entre sur un signe du lecteur)* : Je vous salue ! Veuillez excuser mon retard ; vous savez d'où j'arrive, mais j'ai tenu à participer effectivement aux travaux de votre auguste assemblée dont la nature exceptionnelle constituera le fait le plus marquant, et sans précédent, dans les annales de notre Histoire de l'humanité. Mais, étant déjà en retard, permettez, Monsieur le Président, que j'entre d'emblée dans le vif du sujet...

**Le président**. — La cour vous écoute. Mais si celle-ci vous connaît déjà grâce à vos dépêches dont elle a amplement pris connaissance, ce dont elle vous remercie sincèrement, elle ignore la personne que vous êtes.

**Alan Paton**. — Eh bien ! Monsieur le

Président, je suis, comme vous l'avez appris déjà, Sud-africain de langue anglaise, né en 1903. J'abandonne le professorat pour devenir directeur d'un établissement pour jeunes délinquants noirs, et vivre ainsi au milieu de 650 jeunes Africains âgés de 10 à 21 ans. Ils m'ont surnommé, j'en suis fier : *l'homme qui a arraché les fils de fer barbelé et planté des géraniums* ! Pourquoi donc ? Leur établissement venait d'être détaché de la section des prisons pour être rattaché à celle de l'éducation lorsque j'en ai pris la direction. J'ai dû lutter pour imposer mes idées dans un pays gouverné par l'apartheid. Ma préoccupation constante, ma ligne de force, c'est de donner au jeune délinquant sa chance de conquérir sa liberté, de façon à obtenir la possibilité de réussir dans la société. Homme politique, je suis pour l'égalité des droits et l'intégration de l'homme de couleur dans la communauté sud-africaine.

**Le président**. — La cour vous en sait gré. Veuillez continuer.

**Alan Paton**. — Oui, mais une question préjudicielle : d'où nous vient le désordre qui éprouve le monde ? Seule une réponse exacte à cette question nous permettra de saisir les tenants et les aboutissants de l'apartheid dont les trois quarts de la population de mon pays sont victimes. Oui, Monsieur le Président ! *La vérité, c'est que notre civilisation chrétienne est accablée de dilemmes. Nous croyons à la fraternité des hommes, mais nous n'en voulons pas ici, en Afrique du Sud. Nous croyons que Dieu dote les hommes de divers dons et que la vie humaine dépend pour sa plénitude de leur emploi et de leur puissance, mais nous n'en voulons pas en Afrique du Sud. Nous croyons qu'il faut secourir nos frères inférieurs, mais nous souhaitons qu'ils restent inférieurs. Et nous nous trouvons ainsi amenés, afin de garder l'illusion que nous sommes chrétiens, à prêter au Tout-Puissant, Créateur du Ciel et de la Terre, nos propres intentions humaines et à dire que, parce qu'il a créé les Blancs et les Noirs, il donne divine approbation à toute action humaine qui empêche les Noirs de progresser. Nous allons jusqu'à prêter au Tout-Puissant l'intention d'avoir créé les Noirs pour scier le bois et tirer l'eau des Blancs. Nous allons jusqu'à présumer qu'il bénit toute action destinée à empêcher les Noirs de jouir pleinement des dons qu'il leur a faits. Nous recourons à ces arguments et à d'autres aussi pour nous disculper de l'accusation d'oppression. Nous disons que, si nous refusons l'instruction aux enfants noirs, c'est qu'ils n'ont pas l'intelligence nécessaire pour en profiter ; nous refusons aux Noirs l'opportunité de développer leurs dons sous prétexte qu'ils n'ont pas de dons ; nous justifions nos actions en disant qu'il nous a fallu des milliers d'années pour arriver au stade de la civilisation où nous sommes aujourd'hui, et qu'il serait fou de supposer que les Noirs puissent accomplir ce chemin en moins de temps et que, par conséquent, il n'y a pas lieu de se hâter. Puis nous changeons notre fusil d'épaule et nous nous apitoyons sur le cruel destin des hommes supérieurs, sur la solitude à laquelle leur supériorité même les condamne, et nous décrétons que c'est charité chrétienne d'empêcher les Noirs de devenir des hommes supérieurs. Ainsi, notre Dieu lui-même n'est plus qu'une créature confuse et contradictoire, distribuant ses dons et en interdisant l'emploi. Faut-il s'étonner après cela de voir notre civilisation accablée de dilemmes ? La vérité est que notre civilisation n'est pas chrétienne, c'est un mélange tragique de haut idéal et de craintive pratique, de haute assurance et d'angoisse désespérée, de charité pleine d'amour et de cupidité pleine d'effroi. Je vous remercie, Monsieur le Président, d'avoir bien voulu m'accorder la parole, car ce sont là des sentiments que je porte plus dans mon cœur que dans ma tête !*

**Le président**. — La Cour...

*Mais une voix mystérieuse l'interrompt.*

**Jésus-Christ** *(invisible)*. — La paix soit avec vous !

*Puis, sur un fond musical, un chant de Noël, sur un ton posé, il poursuit.*

Je ne viens ni contrarier votre assemblée qui plaît à mes yeux ni susciter la vieille querelle : suis-je homme, suis-je Dieu, suis-je tout à la fois homme et Dieu ? Une chose est certaine : j'ai existé, et j'ai vécu parmi vous ! Désormais, vous vous situez par rapport à moi, dans le temps. Puisque, pour un événement de quelque importance, vous dîtes qu'il s'est produit, avant ou après, Jésus-Christ. J'avais une mission précise : apporter la paix au monde. Mais j'ai souvent été mal interprété, car il n'y aura jamais de paix dans le monde sans l'amour du prochain, sans, en d'autres termes, la fraternité entre les hommes ! Non, votre civilisation chrétienne n'est nullement accablée de dilemmes ! Si elle l'était, il faut en attribuer la cause à l'hypocrisie des hommes, non à la nature du principe chrétien. Ainsi, lorsque mon message de paix aux hommes de bonne volonté a été annoncé ; lorsque j'ai voulu apporter le témoignage de la réconciliation du Ciel et de la Terre, d'une part, et de celle, d'autre part, des hommes, de leurs peuples et de leurs nations, j'ai été traité, de juif agitateur, d'imposteur impénitent, de borne contradictoire sur le chemin de l'Humanité, et j'ai dû payer de ma vie, vous le savez, ma proposition de loi sur l'amour du prochain, quel qu'il soit, d'où qu'il soit ! J'ai ignominieusement fini sur une croix de bois mal équarri, exposé aux railleries de la racaille ! Ce dernier mot est indigne de ma bouche, mais ceux-là précisément pour qui j'étais venu briser les barrières sociales ont tendu leurs poings au Ciel, en réclamant ma crucifixion ! Mais depuis ces temps immémoriaux, les rapports humains sont sans cesse remis en cause et, pour les trois quarts de vos contemporains, le sens véritable de ma mission prête encore à discussion et à contestation, et peut-être pour longtemps encore, sinon pour toujours ! Mieux, de vos jours même, on m'oppose à Karl Marx dont la doctrine est d'une haute portée sociale indiscutable. La raison en est très simple : il y a des esprits dépourvus de sens critique pour qui il ne peut être concevable que politique et morale *(entendez : et religion)* soient compatibles. Du coup, ma doctrine est passée pour un opium des peuples ! On a ainsi été amené à orienter les consciences pour les dresser contre la foi chrétienne. Or, celle-ci est précisément une affaire individuelle, et il n'y a pas de liberté sans conscience individuelle. Croire ou soutenir le contraire serait le résultat d'une vue de l'esprit engendrée ou faussée par l'ignorance ou le défaut d'objectivité ou de discernement. Cela m'amène à revenir sur le sens de ma mission : j'ai confié à des hommes le soin de la continuer et de la propager à toutes les nations. Mais quel homme n'est pas sujet à caution ? Le vieil adage *Errare Humanum Est* n'incite guère à l'indulgence ; je ne dis pas qu'il faille persévérer dans l'erreur, une fois qu'on en a pris conscience. Ainsi, des disciples se réclamant de ma doctrine se sont fourvoyés : ils ont parfois été injustes et racistes ; ils ont brandi des bannières des croisades ; ils ont même béni des armes de guerre ! On comprend, dès lors, qu'ils aient été troublants, victimes, d'une hargne implacable qui leur a valu jusqu'aux affres du martyr. Il y a donc lieu d'établir une nette différence entre mon enseignement en tant que tel et le comportement de bon nombre d'hommes qui ont voulu se charger de le répandre au monde, bien souvent dans l'imposture ! À cet égard, je me réjouis de la dernière intervention de l'un d'entre vous, qui est un exemple rarissime de lucidité : Dieu travesti par les hommes ! Dieu est mort ! A-t-il été dit, écrit et répété : Les hommes l'ont tué ! À ce propos, votre histoire vous a appris qu'en 1789, un pays de l'Europe occidentale a déclenché sa grande révolution, devenue célèbre par la suite, à cause des bouleversements du tout au tout qu'elle a provoquée dans les rapports sociaux : elle a aboli un régime fondé sur des privilèges ou des inégalités. Avant cette date, il y avait la France du roi *(puisqu'il s'agit de la France)* avec ses droits prétendus divins de vie ou de mort sur ses sujets : L'État, c'est moi ! Il y avait la France des nobles *(des bourgeois, des capitalistes, diriez-vous aujourd'hui)* ; et il y avait la troisième France, celle de la majorité des pauvres, des malheureux, des exploités ! Parallèlement, il y avait pour l'église, une France, du Haut Clergé, une autre France, du Bas Clergé ! C'est ici qu'il faut lever l'équivoque : en effet, les révolutionnaires de 1789, déterminés à donner naissance à une société française nouvelle et humaine que régirait seule la devise Liberté-Égalité-Fraternité, n'épargnèrent pas la bourgeoisie ecclésiastique. Mais dans l'euphorie révolutionnaire, le Bas Clergé sombra dans la même vague qui emporta les princes de l'Église ! La confusion fut telle dans les esprits qu'on ne sut point faire la différence entre l'essence même de la doctrine et les hommes qui s'en réclamaient : on prit l'effet pour la cause, et le principe même religieux fut ouvertement pris à partie, et ce, jusqu'aujourd'hui ! Pourtant, un cas aurait dû faire réfléchir, celui de l'abbé Sieyès : l'attachement de celui-ci à la cause révolutionnaire fut exemplaire, inspira et entraîna ses coreligionnaires qui réagirent contre l'autorité abusive de leurs chefs spirituels. Vous le voyez ! Pas plus que toute l'Europe n'est esclavagiste, toute l'Église n'est pas pourrie ! Mais j'insiste. Tant que les hommes — indépendamment de leurs opinions politiques ou des considérations confessionnelles —, de quelque continent qu'ils soient, quelle que soit la couleur de leur peau, ne s'aimeront pas, selon mon fameux précepte : *Aimez-vous les uns les autres*, les barrières sociales et raciales subsisteront toujours. Et toujours, les instincts ou les rêves des guerres de domination opposeront les peuples et leurs nations. Je précise que ni Dieu ni sa religion n'y sont pour rien : cela est une affaire exclusive des hommes, non celle des anges du ciel. À travers vous, je répète mon message millénaire : soyez tous des frères, et la justice et la paix habiteront le monde !

*Immédiatement, un chœur d'enfants monte sur la scène, face au public et, dès les derniers mots de Jésus-Christ, entonne l'Internationale : tout le monde se lève et chante avec le chœur d'enfants :*

Debout ! Les damnés de la terre !
Debout ! Les forçats de la faim !
La raison tonne en son cratère,
C'est l'irruption de la fin.

Du passé faisons table rase.
Foule esclave, debout ! debout !
Le monde va changer de base :
Nous ne sommes rien, soyons tout !
>  *C'est la lutte finale,*
>  *Groupons-nous et demain,*
>  *L'Internationale*
>  *Sera le genre humain...* *(Bis)*

Maison des Esclaves à Gorée, cet escalier permettait aux maîtres d'accéder à leur lieu de vie tandis que sous ce même escalier existait une ergastule où ils enfermaient les récalcitrants très à l'étroit. © BSL, Gorée 2014

© BSL, Gorée 2014

Cet ouvrage a été réalisé
par les ateliers graphiques ACGI
pour le compte et sous la direction
de Benoist Saul Lhoni

© 2018 Benoist Saul Lhoni
Édition : Books on Demand
12/14 Rond-point des Champs-Élysées, 75008 Paris
Impression : BoD - Books on Demand, Norderstedt, Allemagne
ISBN : 9782322123643
Dépôt légal : août 2018